AMENDEMENS

A

LA LOI DU 5 FÉVRIER 1817.

A PARIS,

CHEZ LADVOCAT, LIBRAIRE,

ÉDITEUR DES FASTES DE LA GLOIRE,

PALAIS-ROYAL, GALERIE DE BOIS, Nos. 197 ET 198.

1820.

IMPRIMERIE DE FAIN, PLACE DE L'ODÉON.

AMENDEMENS

A

LA LOI DU 5 FÉVRIER 1817.

C'est un des plus tristes restes de la révolution que l'incertitude qu'en se retirant elle a laissée dans les esprits. Les opinions sont aujourd'hui aussi ébranlées que les choses l'ont été pendant trente ans. Nous avons tout vu successivement s'agiter et changer autour de nous; de là, pour les personnes, le besoin du repos, et, pour l'intelligence, l'habitude et presque le goût du changement. En voyant finir tout ce que nous avions vu commencer, nous nous sommes accoutumés à nous défier de tout ce qui s'établit, à révoquer également en doute la solidité des institutions et celle des croyances. Aussi le scepticisme préside-t-il à toutes nos conceptions, comme l'hésitation à toutes nos entreprises : nous ne les suivons qu'avec réserve, une arrière-pensée en retarde le cours, et notre inconstance n'en attend jamais le succès; car les esprits peu à peu rendent aux choses en instabilité ce que les événemens leur ont donné d'incertitude. L'idée de la durée ne se trouvant presque dans aucune tête, on s'habitue à tout prendre, les lois, le gouvernement même, comme une mode ou comme un essai; le moindre obstacle, la plus légère contrariété nous en détache, et l'on passe sans regret et sans beaucoup plus d'espoir à quelque essai nouveau. La vie politique s'use à tenter : le temps et nous, nous nous consumons en projets presque aussitôt quittés qu'adoptés; et, naviguant au jour le jour, flottant au gré des vagues, nous nous adressons à tous les dieux, nous abordons à tous les rivages, nous n'y jetons l'ancre qu'un moment, sans y chercher ou sans y reconnaître un port.

Ainsi a procédé la révolution : une réforme graduelle et sage eut peut-être satisfait aux besoins de l'esprit public, et prévenu ses tristes déviations; la révolution a mieux aimé tout détruire pour tout reconstruire ensemble et autrement. Peut-être alors des circonstances impérieuses l'exigèrent-elles; et qui peut mesurer le mouvement qui emporte les nations à de pareilles époques? Mais depuis, et lorsque d'autres situations ont amené d'autres chances et permis une autre conduite, la même marche a été suivie. Chaque fois que le gouvernement a changé, il s'est empressé de défaire pour refaire à neuf. Bien plus, le même gouvernement, chaque fois qu'il s'est senti arrêté par un embarras imprévu, s'est cru forcé de déserter aussitôt ses propres voies, et d'entrer dans des voies nouvelles. Une loi soigneusement méditée ne rend-elle pas, dès le premier moment, tout l'effet qu'on s'en était promis; l'exécution a-t-elle manifesté tel inconvénient dont on ne s'était pas douté; aussitôt on se presse de condamner cette loi comme trompeuse, de la désavouer comme une erreur. Au lieu d'opposer aux inconvéniens les avantages, et de chercher le remède à ce qui est mauvais dans le développement de ce qui est bon, l'esprit rejette loin de lui une conception qu'il trouve usée, pour embrasser ardemment une conception nouvelle. Et c'est ainsi que l'idée, je dirais presque le sentiment de la stabilité ne se forme nulle part, qu'aucun principe ne se fixe, qu'aucune convention ne se consacre; point de respect pour ce qui est, point de confiance dans ce qui sera; l'ordre politique devient une combinaison arbitraire, qui change de base incessamment, et tout cela par suite de cette réunion fatale d'une passion du repos qui va jusqu'à l'apathie, et d'une mobilité d'opinions qui va jusqu'au caprice. Cette disposition si fâcheuse gagne surtout les hommes impartiaux et sincères qui, se défiant de leur propre raison, errent sans cesse d'un point à un autre, en présence de partis invariables, incorrigibles, toujours prêts à faire tourner cette mobilité irréfléchie au profit d'un besoin constant de désordre ou d'oppression. Conservateurs pour détruire, ces partis ont une règle, des traditions, un passé: liés par leurs antécédens, ils ont des habitudes prises, et abusent du doute des citoyens désintéressés sur le choix des moyens, pour les conduire à leur insu vers un but caché, mais fixe.

Il est sans doute et plus agréable pour l'amour-propre et plus commode pour l'esprit de condamner en entier la besogne faite, pour la remplacer par un travail nouveau. Mais il y a dans cette manière de procéder de la présomption, du danger et de la révolution : on n'y doit recourir qu'à la dernière extrémité. Il vaut bien mieux revoir et rectifier ce qui est fait, maintenir en développant, conserver en perfectionnant; travail moins brillant mais plus difficile, et plus conforme à la marche ordinaire de l'esprit humain, qui n'arrive au bien que lentement, à la vérité que pas à pas.

Comme les sciences, comme les grandes fortunes, les bons systèmes de législation sont l'ouvrage d'un travail progressif et non interrompu. Les lois ne se fondent pas d'un seul jet; elles se composent, pour ainsi dire, de pièces et de morceaux rapportés. Et l'excellence de la constitution anglaise vient précisément ce qu'elle s'est améliorée peu à peu, de ce que chaque siècle, chaque génération, chaque session y a retranché ou ajouté selon le vœu de l'expérience, mais sans jamais l'attaquer dans ses principes. Qui pourrait assigner la date de sa naissance, ou donner les noms de ses auteurs? C'est un dépôt transmis de mains en mains, enrichi et grossi d'âge en âge; elle s'est perpétuée comme les nations, elle s'est développée à la manière de l'esprit humain.

Une situation différente ne nous permet pas sans doute la même lenteur; elle nous commande au contraire de mettre en harmonie, le plus tôt qu'il sera possible, celles de nos institutions dont le désaccord ne pourrait se prolonger sans une lutte, sans un désordre. Nous devons toutefois imiter en quelque manière la sagesse de nos voisins, et, au lieu de changer chaque jour de système, travailler à remplir les lacunes qui déparent encore les systèmes adoptés, et corriger une à une les imperfections qui se rencontrent toujours dans les ouvrages de l'homme, et qui sont, en quelque sorte, la marque de l'ouvrier.

Nous avons une loi d'élections, nous l'avons depuis plus de trois ans. Cette loi n'a pas manqué de contradicteurs ni de critiques. En supposant leurs reproches fondés à quelques égards, que devrions-nous faire? Le parti le plus simple, la marche la plus naturelle serait d'examiner ce qui peut manquer encore des institutions qui doivent correspondre avec elle, et ce qu'il peut se trouver de vicieux dans le mécanisme même de la loi. Il n'est ni nécessaire ni raisonnable de la rapporter toute entière ou de l'attaquer essentiellement, sur ce fondement que son exécution et ses résultats ont laissé quelque chose à désirer. Ainsi, en admettant la réalité d'une partie des inconvéniens dont on se plaint, il y aurait deux questions à examiner : 1°. la loi réglant uniquement l'organisation et les opérations des collèges, les autres parties de la constitution de la chambre élective et de celle du gouvernement sont-elles disposées de manière à supporter les élémens et le mode de sa composition ? En d'autres termes, nos formes parlementaires répondent-elles à nos formes électorales ? 2°. Dans le système admis, et qui sert de fond à la loi, n'y a-t-il rien à reprendre, rien à ajouter aux dispositions d'application contenues dans la loi même ?

La première question est très-étendue, et n'est plus à l'ordre du jour. Le gouvernement et le public paraissent l'avoir ajournée à des temps plus calmes. La seconde est plus actuelle et plus pressante ; il est instant de la résoudre. C'est l'objet des réflexions suivantes :

Perfectionner la loi d'élections, est l'idée qui se présente d'abord aux esprits que n'entraîne aucune prévention. Ils trouvent qu'il y a plus de prudence et de modération à la remanier dans quelques-unes de ses parties, qu'à la frapper au cœur, qu'à l'attaquer dans ses principes. Ils pensent qu'un bon système électoral doit plutôt résulter de l'amélioration progressive d'une loi fondamentale par des lois additionnelles et réglémentaires, que d'une suite incohérente de lois toutes organiques, qui se succèdent comme les partis, qui se combattent comme des coups d'état. Depuis sa révolution, l'Angleterre compte, dit-on, vingt-sept bills sur les élections, et tous ces actes se tiennent ensemble, tous se rapportent à des principes communs ; et aujourd'hui qu'une réforme presque totale et instantanée est demandée si vivement, nous voyons que le vieil esprit du gouvernement anglais ne daigne faire à ces vœux impatiens d'autre concession qu'un commencement de réforme partielle et secondaire, qui doit amener, par degrés et sans secousse, la disparition des abus dont l'abolition soudaine serait à elle seule une révolution.

La loi du 5 février 1817 se réduit essentiellement à ceci : *Des élections directes par des électeurs égaux*.

L'*élection* est *directe* lorsque le vote individuel de chaque électeur, c'est-à-dire, de chaque citoyen *ayant droit de suffrage*, forme sur la totalité des suffrages obtenus par chaque concurrent une fraction dont le numérateur est 1, et le dénominateur égal au nombre des voix dont se compose cette totalité; de sorte que le suffrage soit représenté par $\frac{1}{200}$ si le concurrent a eu deux cents voix, et par $\frac{1}{1}$, c'est-à-dire par 1, s'il n'en a qu'une. Alors les voix sont comptées par têtes; chaque vote a toute sa valeur, sans autre restriction que le partage définitif en majorité et en minorité. L'électeur n'est soumis qu'à cette chance, celle d'être de la majorité ou de la minorité; il est portion intégrante de l'une ou de l'autre. En un mot, l'*élection* est *directe*, quand l'électeur *concourt réellement à la nomination des députés*.

Les *électeurs* sont *égaux* lorsque le suffrage de chacun d'eux a le même poids dans la balance électorale, lorsque la nomination du député résulte du recensement de tous les votes confusément comptés, et non comparés et évalués. Enfin les *électeurs* sont encore *égaux*, quand tous *concourent à la nomination des députés;* car les *électeurs* ne seraient pas *égaux*, si un certain nombre d'entre eux était chargé de désigner ceux qui désigneraient les députés ou ceux parmi lesquels seraient choisis les députés. Évidemment alors les uns seraient les *électeurs qui concourent à la nomination* des électeurs ou des candidats; ils ne seraient pas, pour parler comme la charte, *les électeurs qui concourent à celle des députés.*

On voit qu'en ce sens les *électeurs égaux* ou l'*élection directe* ne sont qu'une seule et même chose. On voit encore que ces mots, *des élections directes par des électeurs égaux*, sont l'explication ou la traduction de ces mots, *sont électeurs ceux qui concourent*, je ne dis pas à l'*élection*, mais à la *nomination des députés.*

Tel est le principe et de la charte et de la loi du 5 février.

Or, pour faire partie des électeurs dont parle la charte, c'est-à-dire, pour être de ceux qui *concourent à la nomination des députés*, il faut avoir trente ans, et payer une contribution directe de 300 francs. (Art. 40.)

Cette condition est dans la charte, et par conséquent fort importante ; elle l'est moins cependant que la première partie de l'article. Toutes deux diffèrent entre elles comme le principe de l'application : aussi, l'une pourrait-elle changer sans que l'autre cessât d'être le même? il y aurait, au lieu de 300 fr., 200 ou 400 fr.;

au lieu de trente ans, trente-cinq ou vingt-cinq ans, que le principe ne serait pas attaqué, et que les *élections* seraient toujours *directes*, et les *électeurs* toujours *égaux*; c'est-à-dire que, par *électeurs*, on entendrait encore ceux qui *concourent à la nomination des députés*.

La charte a donc posé le principe et déterminé la limite d'application. La base de la loi d'élections était donc donnée, et la loi du 5 février n'a dû être que la traduction la plus immédiate et la plus naturelle de l'article 40 de la charte.

Il s'ensuit que tout ce qui est, dans la loi du 5 février, hors des limites que nous venons d'indiquer, est matière de révision, de modification, d'amendement; et que tout ce qui est en dedans est essentiel, et ne doit pas être atteint ni altéré selon le caprice des hommes et des circonstances, ni sans une péremptoire expérience.

Ainsi, tenons pour établi que toute atteinte portée au principe de l'*élection directe* et de l'*égalité des électeurs*, est une réforme essentielle et radicale, une révolution dans le système électoral, et plaçons dans la discussion ce principe hors de tout débat.

Quant aux conditions d'âge et de fortune, reconnaissons que la disposition qui les prescrit, quoique infiniment respectable, est cependant d'un ordre secondaire, puisqu'elle appartient à la forme, et qu'en la modifiant on opérerait un changement qui, sans doute, serait grave, mais non fondamental, qui ne serait enfin constitutionnel qu'à la lettre, c'est-à-dire, uniquement parce qu'elle est écrite dans la charte : pour cette raison néanmoins, abstenons-nous de la remettre entièrement en question, d'autant plus qu'elle n'est point nommément attaquée dans ce moment.

Ce qui appartient en propre à la loi du 5 février, ce sont les dispositions exécutives par lesquelles elle a prétendu réaliser, dans la pratique, le principe tel que l'a posé et limité la charte.

Ces dispositions se rapportent à trois points principaux : qualité des électeurs ; organisation des colléges ; opérations électorales.

La charte exige, comme condition de la qualité d'électeur, *trente ans, et une contribution directe de 300 francs.*

Lorsque la charte, et après elle la loi, ont fixé cette double condition, elles ont supposé que ceux qui la remplissaient avaient seuls la capacité nécessaire pour *concourir à la nomination des députés.* Autant que cette capacité peut se présumer d'une manière générale, elles l'ont reconnue, ou plutôt elles en ont reconnu le signe dans l'âge de trente ans et dans la fortune qu'indique la contribution exigée. Sans contester cette supposition, voyons comment la loi l'a interprétée, comment elle s'en est servie.

Dans la langue des finances, on comprend sous le nom de *contributions directes*, non-seulement la contribution foncière ou immobilière, soit générale, soit municipale, mais aussi la contribution personnelle et mobilière dans les lieux et les temps où elle existe, et jusqu'à la contribution qui frappe les professions mercantiles, et qui est connue sous le nom de *patente*. La loi du 5 février, adoptant cette large acception du mot, a admis comme électeurs tous ceux qui paient 300 *francs de contributions directes*, sans s'inquiéter de la nature ni de la matière de ces contributions ; et cette interprétation, qui a pour elle le langage du fisc, a passé pour incontestable : elle n'est pourtant pas sans objection. D'abord, on peut demander si c'est bien ainsi que la charte l'a entendu, lorsqu'elle a dit *une contribution directe de* 300 *fr.*, et non, comme la loi de 1817, 300 *francs de contributions directes*. N'est-il pas douteux que cette expression, ainsi employée au singulier, doive s'appliquer à plusieurs espèces de *contributions directes* cumulées pour égaler le cens fixé? et n'est-elle pas rigoureusement applicable à un seul genre de *contribution directe* à la fois? Ce doute prend de nouvelles forces si l'on considère l'esprit et non la lettre de la charte ; assurément elle n'a point prétendu que la capacité d'élire résultât uniquement du fait de l'inscription sur le registre du percepteur, comme contribuable d'une somme annuelle de 300 francs ; ce fait en lui même est sans rapport avec la fonction d'élire : seulement ce cens a été choisi comme se rapportant à l'ordre de fortune dans lequel on a espéré rencontrer les personnes les plus capables, ou même les seules capables de *concourir à la nomination des députés.* Cette cote contributive est donc moins importante par elle-même que par le revenu qu'elle représente ; c'est faute de pouvoir connaître d'une manière précise le revenu, que, pour l'atteindre indirectement, on s'est adressé à la contribution. Or, ce signe, il faut le dire, a deux inconvéniens : le premier, de n'être pas exact ; le second, de n'être pas constant. Il est inexact, car il varie selon les lieux, en raison du rapport, très-peu fixe parmi nous, entre la matière imposable et l'imposition. Il est inconstant, parce qu'il change selon les temps, au gré des lois de finances, qui changent ou peuvent changer le tarif des impositions selon les circonstances. En effet, qu'un besoin inopiné, une guerre, une dette échue, force à exhausser la taxe foncière, aussitôt le nombre des électeurs augmente à proportion, sans qu'il se soit opéré dans les facultés sociales, dans l'intelligence politique des citoyens nouvellement admis au grade d'électeur, aucun changement, aucun progrès suffisant pour justifier cette promotion. Réciproquement, une diminution dans les dépenses, suivie d'une réduction de l'impôt, suffirait pour destituer un certain nombre d'électeurs qui n'auraient, par aucune faute personnelle, mérité cette sorte de dégradation civique. Cet inconvénient est grave ; et quoiqu'il soit en quelque sorte prescrit par la lettre constitutionnelle, ne serait-ce pas mieux entrer dans son véritable sens, ne serait-ce pas une interprétation plus fidèle que le texte même, que d'essayer, par une disposition légale, d'atteindre une fixation mieux assurée que le cens incertain des 300 francs? La question serait de savoir quelle est en général, suivant le tarif légal de l'impôt, la fortune que représente le cens de 300 francs, et d'appeler aux élections, dans tous les départemens, les possesseurs présumés de ce degré de fortune. Sans doute on n'y parviendrait pas sans difficulté ni sans tâtonnement; il serait même déraisonnable d'espérer jamais y parvenir avec une rigueur mathématique, si l'on considère, d'une part, combien il est mal aisé de connaître le revenu de chaque contribuable; et de l'autre, combien est incertaine la rentrée annuelle et intégrale de ce revenu. Mais cependant il y aurait moyen d'approcher de la vérité avec plus d'exactitude qu'on n'y parvient, en se fiant à la trompeuse fixité d'une cote invariable et uniforme de contributions. On sait, en effet, avec une précision suffisante, et l'on saura mieux tous les jours, à mesure que l'assiette des impôts se régularisera, quel est en fait, dans chaque département, le rapport du revenu foncier à la contribution. Avec ce renseignement, étant connu quel est en droit le revenu représenté par le cens de 300 francs, il sera facile de fixer pour chaque département quel est le cens qui correspond le plus exactement à ce revenu, dont la somme sera prise pour base; et ce sens sera, dans chaque département, plus ou moins éloigné du taux de 300 francs, selon que le rapport de l'impôt au revenu sera plus ou moins conforme en réalité au tarif fixé par les lois. Ainsi, soit en droit une contribution de 300 francs considérée comme représentant un revenu de 1500 fr.: dans un département où l'impôt sera égal au tiers du revenu, la contribution électorale sera de 500 francs; et là où il sera comme le vingtième, elle sera de 75 francs. Dans ce système, il faudrait qu'un tableau fût dressé, d'après les renseignemens les plus récens et les plus dignes de foi, qui contînt ce tarif proportionnel pour chaque département. Ce tableau serait annexé à la loi, et chaque fois que des renseignemens nouveaux viendraient y dénoncer quelque inexactitude, ou qu'un changement dans le tarif de l'impôt y nécessiterait une rectification, il serait de nouveau soumis à la révision des chambres, qui, sur les pièces produites par les ministres, le rectifieraient selon le besoin, et le voteraient de nouveau pour être exécuté dans les formes qui seraient prescrites.

Cette première amélioration au premier article de la loi aurait un double avantage: d'abord elle rendrait l'exécution de la disposition constitutionnelle plus exacte et plus précise; de plus, elle réduirait la quantité des électeurs, dans de certains départemens où l'exorbitance de l'impôt en maintient seul le nombre à une élévation qui n'est pas sans inconvénient politique, et elle grossirait les colléges dans les pays où, par la raison contraire, on est quelquefois surpris de voir une poignée d'électeurs nommer un nombre assez notable de députés: témoin le département des Vosges, qui nomme trois députés avec 262 électeurs.

En indiquant cette modification, je me suis écarté de la première observation, et j'ai continué à parler le langage de la loi, qui confond sous le nom de *contributions directes* l'impôt foncier et la patente, et qui permet ainsi au petit propriétaire foncier de parfaire la contribution voulue pour être électeur, en ajoutant à ce qu'il paie en contribution foncière une patente d'un prix modique. Je le répète, une telle faveur est-elle fondée en raison? En admettant comme électeurs les propriétaires payant 300 francs d'impôt, on a pensé que la fortune correspondante à cette taxe entraînait une éducation suffisante, ou au moins cette situation sociale qui, par la nature et la multiplicité des relations qu'elle nécessite et des intérêts qu'elle crée, vaut à elle seule une éducation, du moins en ce qui concerne ce sentiment du bien public, cet esprit de conservation, ce besoin de bon ordre, nécessaires, dans un certain degré, au citoyen revêtu des droits politiques. Cette supposition de la loi, libérale en elle-même, ne paraît pas une largesse assez mal placée, ni qui tienne assez de la prodigalité, pour qu'il soit nécessaire de lui imposer quelque restriction, ni de se montrer plus avare ou plus dédaigneux que la charte envers la France. Mais en admettant sans réserve cette supposition à l'égard des propriétaires, en croyant fermement que le temps vient où cette libéralité n'effraiera plus même les esprits les plus timides, nous ne pouvons étendre la même faveur, comme la loi de 1817, à ceux qui sont obligés, pour être admis, de réunir à leur qualité de propriétaires celle de patentables. Loin de nous la défiance qui n'ouvrirait qu'à regret la porte des colléges électoraux aux intérêts du commerce : nous croyons, au contraire, que la loi doit leur reconnaître une influence que les progrès de la société tendent à rendre chaque jour plus active et plus étendue. Nous regrettons même que le silence de la charte et l'impossibilité presque absolue de connaître et d'évaluer les revenus commerciaux, dont la patente est le signe le plus infidèle, ne permettent pas de faire aux intérêts du négoce une part spéciale et légitime dans l'œuvre électorale. Nous ne nous élevons que contre le cumul des deux contributions foncière et commerciale, dont ni l'une ni l'autre, prise séparément, n'indique aux yeux de la loi non plus qu'en réalité, dans celui qui la paie, la capacité électorale, et qui, par le seul fait de leur réunion, légalisent en lui, sans la réaliser, une capacité supposée. Incapable comme propriétaire, incapable comme marchand, le même homme, en cumulant ces deux incapacités, peut-il se trouver en droit bon et sérieux électeur? Il y a là une fiction, un mensonge de la loi, qu'il est impossible de laisser subsister. Comment concevoir que l'habitant d'une ville qui, exerçant un petit négoce, acquiert par héritage un chétif domaine dont il touche les revenus mais qu'il n'exploite pas, ou que le mince propriétaire rural à qui la protection d'un candidat ambitieux peut procurer à très-peu de frais la patente nécessaire pour égaler le cens exigé, soient égaux au possesseur d'une terre de 1500 francs de produit au moins, ou au négociant frappé d'une patente de 300 francs. Évidemment les chiffres ici trompent le vœu de la charte, et ce n'est qu'en se laissant guider par une observation plus exacte des faits que l'on remplira mieux ses vraies intentions. Je répète que l'interdiction que je propose n'aurait rien de contraire aux intérêts légitimes, aux droits véritables du commerce : car elle éliminerait beaucoup moins les vrais et notables commerçans que les propriétaires d'un ordre infime qui, au moyen d'une petite patente, usurpent un droit que leur propriété leur refuse. Il peut en effet résulter de l'état des choses, et même il arrive que des marchands d'un ordre assez élevé, et qui, par l'étendue de leurs relations et l'importance de leur commerce, doivent réunir les lumières désirables pour contribuer dignement aux élections, se trouvent indignes de figurer parmi les électeurs, parce qu'ils ne paient au trésor qu'une patente de 150, de 200, de 250 francs; tandis qu'une patente de 50 francs, jointe à quelque modique héritage, suffit pour ouvrir l'urne électorale au suffrage d'un citoyen beaucoup moins digne de la confiance publique. Il semble que le commerce serait beaucoup mieux et plus justement traité, si l'on tenait pour électeurs tous les individus exerçant réellement un négoce, moyennant une patente de 200 francs seulement, qu'on ne le fait en tolérant le cumul de deux contributions sans analogie, et qui ne prouvent dans celui qui les acquitte ni les qualités d'un propriétaire aisé, ni celles d'un marchand en crédit.

Ces observations nous paraissent contenir le germe d'une modification utile aux règles de la loi du 5 février, concernant la qualité des électeurs, c'est-à-dire, à l'article premier.

Après la qualité des électeurs, le premier point à régler, c'est la forme d'après laquelle ils concourent à l'élection des députés, c'est-à-dire, comment ils sont réunis, classés, divisés. La loi n'établit qu'un collége par département, composé de tous les électeurs du département, et qui se divise, dans les départemens qui ont plus de 600 électeurs, en sections qui ne peuvent être composées de moins de trois cents personnes. Le but de cette dernière disposition est de prévenir la confusion des rassemblemens que la brièveté du temps accordé par la loi pour ses opérations électorales, rendrait trop considérables. C'est une simple disposition de police, sans influence directe sur les opérations elles-mêmes.

Un seul et même collége est donc chargé de faire toutes les nominations du département, et par conséquent chaque membre en est tenu de désigner 4, 5, 6, et jusqu'à 8 députés. De là la nécessité d'employer le scrutin de liste, et d'une manière assez compliquée.

Il y a trois tours de scrutin. Aux deux premiers, les voix se prennent à la majorité absolue; et le troisième est un scrutin de ballottage entre les candidats portés en nombre double de celui des députés à élire, sur une liste composée de tous ceux qui relativement ont eu, au second tour, le plus de suffrages; et cette fois, les nominations ont lieu à la pluralité des votes exprimés. Tout cela ne peut pas durer plus de dix jours, dont le premier est consacré tout entier à la formation du bureau.

Tel est en substance le mode établi par la loi pour l'organisation et les opérations des colléges électoraux. On n'a pas assez vu, ou l'on n'a pas assez dit, que dans ce mode était la véritable source de tous les reproches fondés ou plausibles dont la loi des élections a été l'objet. Faute d'y regarder avec attention, on s'est hâté de la condamner dans son entier, et l'on a imputé à son principe le vice de ses dispositions exécutives.

C'est d'abord à la concentration de l'élection au chef-lieu qu'il faut attribuer, et l'excessive influence de ce même chef-lieu, et le petit nombre des électeurs présens. Car ceux des électeurs de campagne ou des autres villes qui consentent à s'y rendre, se trouvant en minorité dans la population, rencontrant autour d'eux une opinion faite d'avance, ont peine à se soustraire à l'influence de l'atmosphère où ils se trouvent transportés, à l'action des menées qui les attendent à leur arrivée et les assiégent durant leur séjour. Les autres, dégoûtés par la perspective d'une situation contrainte, ou effrayés par la longueur du trajet, s'abstiennent en restant chez eux, au détriment de la chose publique, de prendre part aux élections, qu'ils abandonnent ainsi aux passions toujours disponibles et aux intrigues toujours actives.

Il y a bien un faible remède à cet inconvénient; la loi actuelle le présente, et aucun ministère n'a songé à s'en servir. Le choix du point de réunion des électeurs est du ressort de l'autorité exécutive; et nous avons vu plus d'une fois l'élection départementale transportée du chef-lieu dans une autre ville. Rien n'était plus simple que d'indiquer des villes différentes pour lieux de rassemblement aux diverses sections, dans les départemens où il y en a plusieurs; et c'est dans ceux-là que l'inconvénient des grandes distances et de la centralisation électorale s'est le plus fait sentir. On eût ainsi abrégé le chemin et facilité le voyage aux électeurs des cantons un peu éloignés, en leur assignant pour rendez-vous le chef-lieu de leur arrondissement, ou du moins d'un arrondissement plus voisin de leur domicile que celui du chef-lieu de département. Les dix jours de durée accordés par la loi aux sessions des colléges, suffisaient dans beaucoup de départemens pour que les correspondances nécessaires au recensement des votes eussent lieu entre les diverses sections; car il est rare, même dans les plus grandes villes, que la session ait excédé cinq jours : et ainsi eût été, sinon corrigé, du moins atténué, le vice réel de l'organisation actuelle; mais améliorer la loi d'élection dans son exécution n'était pas de l'intérêt de ceux qui avaient envie de la trouver mauvaise dans son principe.

Mais on peut proposer un remède encore plus topique. Il est reconnu de tous les gens de bonne foi que la loi actuelle, appliquée aux petits départemens, à ceux qui n'ont que un, deux, même trois députés à nommer, est irréprochable. Là, son mécanisme a paru simple et ses effets salutaires. Les élections ont été libres sans tumulte, animées sans effervescence, disputées sans odieuses menées. Cela est si vrai, que, dans les projets de réforme présentés depuis, les plus grands ennemis de la loi actuelle ont consenti sans crainte à la conserver aux sept plus faibles départemens électoraux du royaume.

On paraît penser qu'elle est bonne pour tous ceux qui n'ont pas plus de cinq cents électeurs. Si cela est vrai, comment cette idée ne conduit-elle pas à une autre qui m'en paraît une conséquence tellement naturelle, que je m'étonne qu'elle n'ait pas frappé tous les esprits. Ne serait-il pas simple et raisonnable d'étendre, de généraliser cet état de choses qui a paru avantageux et sans danger dans de certaines localités? Il ne s'agirait que de diviser chaque département en colléges électoraux dont le nombre pourrait être réglé sur celui des sections de la loi actuelle, ou sur celui des députés élus par le département.

Un département a mille électeurs et nomme quatre députés. Formez deux colléges de cinq cents personnes chacun, et donnez à chaque collége deux députés à nommer.

Le nombre total des députés d'un département est impair; il est de trois ou de cinq. Partagez le département en arrondissemens électoraux de force inégale, à chacun desquels vous accorderez un collége et un nombre de députés à élire proportionné à son importance. Il n'y aurait nullement lieu de s'assujettir à la circonscription administrative, et de compter un collége par sous-préfecture, d'abord parce que cette division ne pourrait cadrer avec le nombre actuel des députés, et puis parce qu'elle est factice et uniquement destinée à la commodité de l'administration. Ajoutez qu'en l'adoptant on courrait risque de livrer l'élection aux coteries de village, à l'esprit de localité le plus étroit, et d'abandonner la candidature aux renommées de canton, aux grands hommes des petits endroits. Il vaut donc mieux faire une division nouvelle et purement électorale, en prenant en considération tant l'importance des villes, que la facilité et la brièveté du trajet pour les électeurs. Cette mesure aurait des avantages de plus d'un genre. Supposé d'abord qu'on établît en principe qu'un collége ne peut élire plus de deux députés ; de quelque manière que localement la division fût faite, il s'ensuivrait que chacun des membres d'un collége voterait bien plus en connaissance de personnes que dans l'état actuel. En effet, il est difficile aujourd'hui qu'un électeur qui n'appartient pas aux premières classes de la société ait une idée suffisante du mérite, des qualités, de la réputation même des quatre ou cinq personnes dont il écrit et souvent laisse écrire le nom sur son bulletin. Les partis, d'ordinaire, ne réussissent à lui faire adopter leurs candidats qu'en mêlant leur nom, qu'il ignore, avec d'autres noms mieux connus de lui. Il ne consent souvent à porter les premiers que parce que ceux qui les lui recommandent portent aussi les seconds. Le nom de ceux-ci sert, pour ainsi dire, de passe-port au nom de ceux-là, et l'homme du parti passe dans la compagnie de l'homme du pays. Mais si, au contraire, chaque électeur n'a qu'une ou deux personnes à nommer, il réservera presque toujours son suffrage pour celles qui possèdent de longue main sa confiance; il les voudra faire passer avant tous : et ce ne sera jamais qu'à défaut d'une préférence de ce genre qu'il consentira à prêter sa voix à des intentions qui ne sont pas les siennes, à des intrigues dont il est à la fois la dupe et le complice.

Le premier avantage d'une division des colléges, suivant le nombre des députés à élire, serait donc que les électeurs sauraient ce qu'ils font.

Pour atteindre ce but, ce serait assez de partager les colléges dans l'enceinte même du chef-lieu. Mais combien on obtiendrait plus encore si on les dispersait dans le département. Alors l'influence du chef-lieu pourrait rester prépondérante, sans être exclusive; les diversités d'intérêts et d'opinion qui se partagent le département, seraient plus fidèlement représentées. La Seine-Inférieure, par exemple, a six députés à nommer. Où serait l'inconvénient de créer à Rouen deux colléges de force inégale, dont l'un nommerait un député, et l'autre deux? Dieppe aurait aussi son collége et un député; le Havre, son collége et deux députés. Qui empêcherait de placer un collége à Aix et à Marseille, à Mâcon et à Châlons, à Quimper et à Brest, à La Rochelle et à Saintes? On introduirait ainsi dans les élections plus de variété, ou du moins plus de liberté et d'intelligence. Un plus grand nombre d'électeurs rempliraient leurs fonctions; l'exercice de ce droit, qui est un devoir, leur deviendrait et plus facile et plus agréable.

Ce n'est pas tout. Dans l'état présent, la nécessité de se transporter au chef-lieu à jour fixe, pour y rester un nombre de jours incertain, mais qui peut être de près d'une semaine; l'obligation possible de recommencer jusqu'à quatre fois l'opération de voter, qui, les trois premières fois, peut n'avoir aucun résultat intéressant ou positif, sont autant de causes qui écartent des élections tant de citoyens. Beaucoup d'électeurs n'ont ni l'envie ni le moyen de passer trois, quatre et même sept jours (en comptant deux jours pour le voyage et pour le retour), peut-être même davantage, loin de leur domicile et de leurs affaires, au chef-lieu de leur département, où peut ne les appeler aucun intérêt, aucune relation. Mais si, aux avantages de la convocation dans une ville plus rapprochée, et avec laquelle ils ont plus de rapport, se trouvait réunie pour eux la liberté de ne se présenter qu'un jour, et le jour qui leur conviendrait, nul doute que le plus grand nombre ne s'empressât de jouir du bienfait d'une loi qui accorderait à si peu de frais un droit si précieux. C'est ce qu'il serait possible d'obtenir. Qu'au lieu de dix jours on prolonge quinze jours ou trois semaines, s'il se peut, la session électorale; qu'au lieu de trois tours de scrutin et de la majorité absolue, on n'exige qu'un seul tour de scrutin, et la majorité relative : ainsi qu'un avis du préfet fasse savoir à tous les électeurs de......., qu'à partir du 1er. jusqu'au 15 ou au 20, tel lieu, dans telle ville, sera ouvert et public depuis huit heures du matin jusqu'à cinq, et que chacun d'eux pourra s'y rendre pour y déposer son vote dans la forme qui aura été réglée, sous la protection et la surveillance d'un bureau dont le président sera nommé par le roi, et les membres désignés par la loi même, comme pourraient l'être, par exemple, le doyen des notaires du lieu ou des juges de paix, le dernier président du jury, le plus jeune des conseillers municipaux : ne voit-on pas qu'aussitôt les opérations électorales deviennent aussi faciles pour les électeurs, que rassurantes pour l'ordre public ? La puissance des partis s'affaiblit, obligée qu'elle est de rester en action pendant un temps plus considérable, et de se disperser sur des individus isolés; l'élection n'est plus qu'une opération libre sans doute, mais graduelle, insensible, presque inaperçue; les rivalités, excitées par la continuité et la répétition des scrutins, par l'ardeur de ce combat singulier qu'on appelle le ballottage, s'atténuent en se prolongeant; les fraudes, les surprises par lesquelles on entraîne, on séduit les masses, perdent leur crédit et leur utilité. L'intrigue ne sait avoir que des journées, rarement vit-elle jusqu'au lendemain ; et dans ce système l'élection n'aurait point de journée ; elle se ferait à tous les momens, elle se continuerait et n'éclaterait jamais : seulement chaque soir on ferait le recensement des suffrages du jour, et le tableau de la répartition actuelle des voix serait publié et affiché. Par cette mesure, et par quelques autres qu'il serait facile de combiner, on parviendrait aisément à garantir la fidélité du recensement, la vérité de l'élection ; et ce procédé si simple, si naturel, remédierait à presque tous les inconvéniens si hautement et si vivement reprochés à la loi de 1817.

Rien dans ce plan ne paraît devoir exciter des craintes ni des scrupules. Si cependant l'on n'osait adopter du premier coup la double innovation d'un seul tour de scrutin à la simple pluralité, il serait possible de conserver deux tours, en donnant au moins dix jours pour chacun. Au second, on ne voterait que sur les candidats, en nombre double ou triple, qui auraient eu le plus de voix et qui n'auraient pas été nommés au premier. Ainsi réduit, le système conserverait encore assez d'avantages pour mériter d'être pris en une sérieuse considération.

C'est une réforme de ce genre que la loi actuelle comporte et réclame, non cette réforme totale qui blesse tant d'intérêts et d'opinions, remet en question tant de garanties acquises, en jeu tant de passions à peine calmées.

Ainsi, et pour nous résumer, voici quelles pourraient être les bases d'un projet de loi pour la rectification de la loi du 5 février :

Fixation du cens d'après le revenu, et non d'après l'impôt;

Interdiction du cumul des deux contributions de l'impôt foncier et de la patente;

Division des colléges par arrondissemens électoraux, d'après le principe qu'un collége ne peut nommer plus de deux ou trois députés;

Prolongation de la session électorale;

Un bureau composé de personnes désignées par la loi, ce qui économise le temps des électeurs et supprime l'inconvénient d'imposer à la minorité les scrutateurs de la majorité;

Un seul tour de scrutin, à la majorité relative.

J'ajouterais encore une modification, qui de toutes serait et la plus désirable et la plus efficace, le vote public, si l'on ne répétait de tous côtés qu'il est incompatible avec les mœurs et le caractère d'une nation, qui cependant se donne depuis long-temps pour la plus loyale de la terre, et qui regarde sa patrie comme celle de la franchise.

261

www.ingramcontent.com/pod-product-compliance
Ingram Content Group UK Ltd.
Pitfield, Milton Keynes, MK11 3LW, UK
UKHW020515230726
13925UKWH00005B/2168